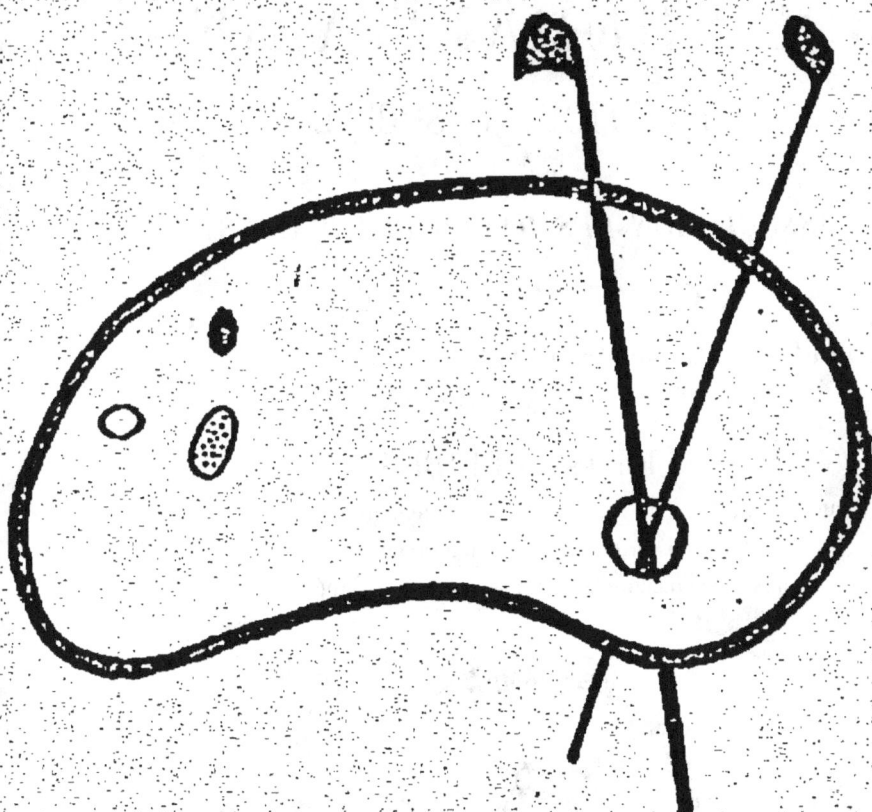

DEBUT D'UNE SERIE DE DOCUMENTS
EN COULEUR

CROIX ROUGE FRANÇAISE

ASSOCIATION DES DAMES FRANÇAISES

ROLE HUMANITAIRE

PATRIOTIQUE & SOCIAL

DE

L'ASSOCIATION DES DAMES FRANÇAISES

CONFÉRENCE

Faite à Marseille, le 25 Février 1898

PAR

M. Ernest DELIBES

AGRÉGÉ DE L'UNIVERSITÉ, OFFICIER D'INSTRUCTION PUBLIQUE,

CHEVALIER DE LA LÉGION D'HONNEUR,

ANCIEN CONSEILLER GÉNÉRAL DES BOUCHES DU RHÔNE.

SIÈGE DE L'ASSOCIATION :

PARIS, 10 Rue Gaillon (Avenue de l'Opéra).

—

1898

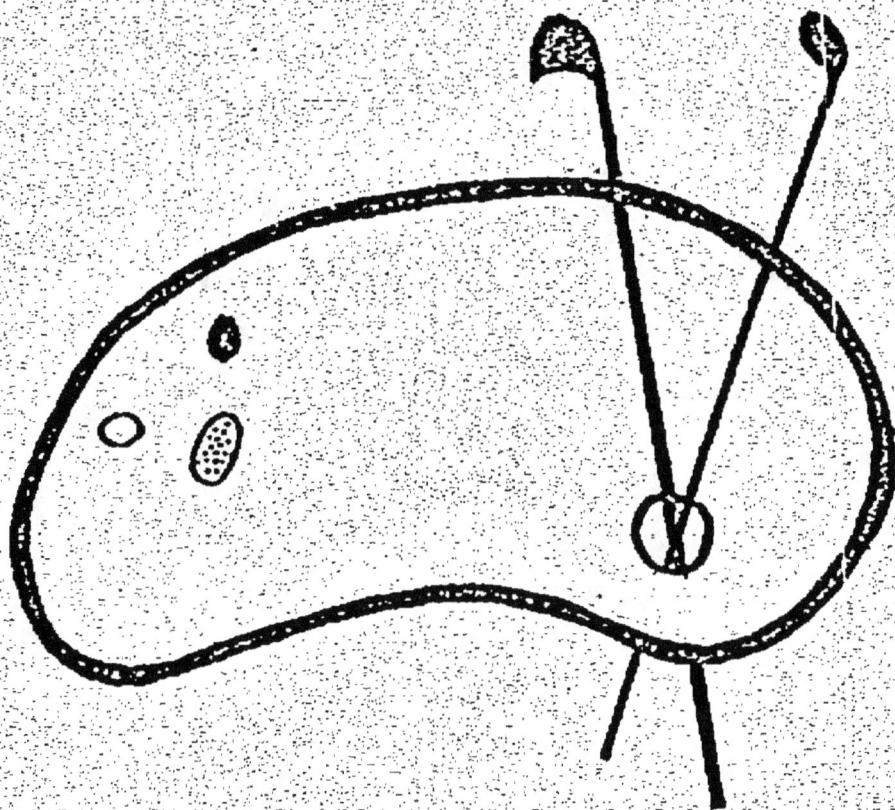

FIN D'UNE SERIE DE DOCUMENTS
EN COULEUR

CROIX ROUGE FRANÇAISE

ASSOCIATION DES DAMES FRANÇAISES

ROLE HUMANITAIRE

PATRIOTIQUE & SOCIAL

DE

L'ASSOCIATION DES DAMES FRANÇAISES

CONFÉRENCE

Faite à Marseille, le 25 Février 1898

PAR

M. Ernest DELIBES

AGRÉGÉ DE L'UNIVERSITÉ, OFFICIER D'INSTRUCTION PUBLIQUE,

CHEVALIER DE LA LÉGION D'HONNEUR,

ANCIEN CONSEILLER GÉNÉRAL DES BOUCHES DU RHÔNE.

SIÈGE DE L'ASSOCIATION :

PARIS, 10 Rue Gaillon *(Avenue de l'Opéra).*

1898

RÔLE HUMANITAIRE, PATRIOTIQUE ET SOCIAL

DE

L'ASSOCIATION DES DAMES FRANÇAISES

CONFÉRENCE

Faite à Marseille, le 25 Février 1898

Par M. Ernest DELIBES

AGRÉGÉ DE L'UNIVERSITÉ, OFFICIER D'INSTRUCTION PUBLIQUE,

CHEVALIER DE LA LÉGION D'HONNEUR,

ANCIEN CONSEILLER GÉNÉRAL DES BOUCHES DU RHÔNE.

MADAME LA PRÉSIDENTE,

La façon beaucoup trop flatteuse dont vous venez de me présenter à cette nombreuse et si brillante assemblée, me récompense d'avance et bien largement du modeste concours que j'apporte à votre œuvre. Aussi, même après vous avoir remerciée, je resterai encore votre débiteur ; je ne m'en plains nullement, il y a des dettes qu'on est toujours heureux d'avoir contractées.

MESDAMES,

Grâce à mon long séjour dans cette grande cité, je crois ne pas être un inconnu pour la plupart d'entre vous, mais ce que je puis encore plus sûrement affirmer, c'est que je ne suis pas étranger à votre belle et florissante Association, et que dès son origine j'y fus rattaché par mes plus chères affections (1).

(1) Mᵐᵉ Ernest DELIBES, récemment décédée, fut la première secrétaire de l'Association, comme l'est aujourd'hui sa fille, Mᵐᵉ MACÉ DE LÉPINAY.

Il y a dix-huit ans, en 1880, lorsqu'un homme de cœur et d'initiative, dont le nom est sur toutes vos lèvres, un véritable apôtre de philanthropie et de patriotisme, vint dans cette ville semer la bonne parole qui a si bien fructifié, j'eus l'honneur d'être, je ne dirai pas le collaborateur de M. Duchaussoy, mais son témoin, son assistant de bonne volonté. Aussi, après l'avoir vu en plein labeur de propagande, je suis heureux de l'applaudir avec vous aujourd'hui en pleine victoire. Combien de ceux qui luttent pour les meilleures causes tombent avant de les avoir vues triompher. La fortune a été plus propice à votre fondateur, et pour cette fois elle ne s'est pas trompée ! Rendons-lui cette justice et sachons lui en bon gré.

Eh bien, Mesdames, quoique ayant assisté pour ainsi dire à votre naissance et connaissant au vrai l'esprit et le but de votre institution, je ne vous dissimulerai pas que, le jour où votre dévouée et infatigable Présidente, Mᵐᵉ Moulin, et sa digne Vice-Présidente, Mᵐᵉ Livon, m'ont fait l'honneur de me demander une conférence, ou plutôt une causerie, je ne vous dissimulerai pas que de prime abord, si flatteuse que fût l'invitation, elle m'a un peu troublé. j'ai éprouvé une certaine hésitation.

N'allez pas au moins me faire l'injure de supposer que, pour avoir habituellement parlé devant des réunions d'hommes, je sache moins estimer à son prix un auditoire composé surtout de dames. Bien au contraire, je partage plutôt à cet égard l'opinion de l'un des plus grands écrivains de notre temps, du plus séduisant charmeur, d'Ernest Renan, qui souhaita souvent porter la parole devant une assistance toute féminine. Si les femmes, pensait-il, excellent à saisir du premier coup les faiblesses ou les travers de l'orateur, à découvrir bien vite en lui le défaut de la cuirasse, (et en cela leur pénétration est des plus à craindre), elles ont à un plus haut degré que l'homme, le don de l'émotion communicative, la fidélité de l'impression reçue. Ce qu'elles ont goûté et approuvé, elles le gardent mieux dans leur mémoire ; elles se font volontiers les interprètes persuasives, les persévérantes missionnaires de l'idée qui les a conquises. Et Renan avait raison.

Mon hésitation, Mesdames, avait un tout autre motif que vous comprendrez. Je me suis demandé, et je me demande encore : Ai-je vraiment qualité pour venir parler ici où votre vénéré Président, M. le Dʳ Chapplain, en sa qualité de Délégué régional du 15ᵉ corps d'armée, a si souvent et si bien payé de sa personne, en parole et en action ; — ici même où des Conférenciers de haute compétence scientifique, dont les noms sont l'honneur de notre corps médical, ont donné sous une forme lumineuse tout un enseignement pratique, de substantielles leçons d'utilité presque quotidienne ? Après les avoir entendus et justement applaudis, chacune de vous en se retirant a pu se dire : « Aujourd'hui, j'ai acquis un secret, » une force de plus pour alléger la douleur humaine, pour être mieux » secourable à ceux qui souffrent ; désormais ma pitié sera mieux armée » contre le mal. »

Mais moi, je ne saurais vous apporter aucun profit pareil, ni équivalent. Ce que je puis vous dire, vous l'avez déjà pensé ; bien mieux, vous l'avez déjà mis en pratique. Souvent les hommes parlent, les femmes seules agissent. Je ne serai donc, à bien des égards, que l'écho de vos sentiments intimes, le narrateur de votre propre histoire.

Votre histoire, Mesdames, (et c'est avec intention que je répète ce mot, il n'est pas trop ambitieux), vous l'écrivez chaque jour. Votre Association a déjà ses annales, 18 ans d'existence ! Elle atteindra bientôt sa majorité, et, à la différence de tant de créations utiles en soi, qui, dans notre cité un peu trop mobile, un peu capricieuse, naissent, s'épanouissent, puis déclinent et meurent trop rapidement, la vôtre, sous une active et intelligente direction, ne cesse de grandir, de s'étendre et de se fortifier avec les années. Vous semblez, toutes à l'envi, lui communiquer une vie, une jeunesse nouvelle, celle de votre bonté, de votre dévouement toujours les mêmes, toujours inépuisables.

1° *Rôle humanitaire de l'Association.* — Mais, disons-le tout de suite et sans réticence aucune, l'Œuvre, l'Institution par elle-même méritait cette bonne fortune ; et l'on ne saurait s'en étonner, si l'on songe qu'elle a pour principe, pour idée-mère, la plus touchante inspiration, celle qui fait comme le fond de l'âme des femmes et surtout des femmes françaises, je veux dire la pitié pour toute souffrance humaine, la religion de la douleur, en un mot, le pur amour de l'*humanité*.

C'est l'année terrible (1870-1871), cette année de malédiction qui pèse encore si lourdement sur les destinées de la France, et qui, par un consolant contraste, produisit tant de miracles de générosité et d'héroïsme, c'est Elle qui vit éclore à Marseille, comme dans bien d'autres localités, le germe fécond de votre Association.

Lorsque, malgré notre éloignement des champs de bataille, la défaite, la défaite réitérée, refoula jusque dans nos murs une multitude de blessés et de mourants, lamentable défilé encore présent à toutes les mémoires, aussitôt se créèrent des ambulances ; de tous côtés on apporta des lits, du linge, de l'argent ; nos médecins, toujours admirables de dévouement, s'empressèrent de prodiguer leurs soins désintéressés; nos femmes, nos sœurs, nos filles se firent spontanément infirmières, Sœurs de charité, rendirent la vie aux uns, adoucirent aux autres leur dernière heure d'agonie. On ne se rappellera jamais sans une poignante émotion cette émulation de sacrifices... Mais hélas ! rien ne s'improvise en ce monde ; une seule voix a pu dire : *Fiat lux :* et la lumière s'est faite. Mais nous, il nous faudra toujours compter avec les exigences du temps et la force des choses. Aussi que de fois j'ai vu et entendu alors les femmes les plus ingénieuses dans l'exercice de leurs nouvelles fonctions regretter de n'avoir pas été mieux pourvues à l'avance de toutes les ressources efficaces contre les nécessités du moment, combien d'entre elles durent gémir parfois de voir leur bonne volonté trahie par l'insuffisance des moyens d'action !

Pareilles plaintes, pareille insuffisance seront-elles désormais encore possible ? Nous devons espérer que non, mais qui pourrait l'assurer ? L'expansion du mal est toujours si prompte, si vaste, qu'elle peut déconcerter cruellement toutes les précautions humaines. Du moins la leçon, si chèrement achetée, n'aura pas été perdue. C'est le spectacle du trouble inévitable dans ces jours de calamités inattendues, c'est le sentiment de cette insuffisance trop réelle de ressources en face de soudaines et écrasantes misères, qui inspira à des esprits généreux et prévoyants, parmi lesquels se trouvait, au premier rang, votre fondateur, M. Du-chaussoy; c'est ce sentiment, dis-je, qui leur inspira l'idée d'organiser à côté des Associations d'ambulancières, d'infirmiers, sous le vocable commun de la *Croix Rouge* qui leur appartient à toutes, des Sociétés de Dames pour Secours aux militaires et aux marins, blessés ou malades. Ils voulurent tout à la fois préparer pendant la paix l'outillage nécessaire contre les redoutables surprises de la guerre et aussi contre les trop fréquentes éventualités des épidémies.

Ainsi naquit en 1879, à Paris, l'*Association des Dames françaises*, la première établie en France, priorité dont vous avez le droit d'être fières, sans intention d'exclusivisme envers personne. Ainsi est né, en 1880 votre Comité Marseillais, et il entra dans la vie sous de favorables auspices, puisqu'il eut d'abord pour Présidente d'honneur, la femme du Préfet de l'époque, notre Ambassadeur actuel au Vatican, Mᵐᵉ Poubelle, qui a laissé parmi nous le souvenir de sa gracieuse bonté, et pour Présidente titulaire, la regrettée Mᵐᵉ Roulet, dont le nom est resté dans notre ville synonyme d'abnégation et de charité.

Depuis cette époque la chaîne ne s'est pas rompue; le présent ne dément point le passé. Aujourd'hui encore, il vous est donné d'avoir pour Présidente d'honneur la femme du premier magistrat de notre département, et la présence de Mme FLORET à cette solennelle réunion affirme, en ce moment même, le bienveillant intérêt qu'elle porte à vos travaux, et qui lui mérite si justement en retour notre respectueuse gratitude.

Quant à votre administration actuelle, elle peut soutenir toute comparaison. Votre habile et zélée Présidente, Mme MOULIN, continue, en l'élargissant encore, la tradition fondée, stimule toutes les ardeurs, et entraîne, par son propre exemple, de vaillantes collaboratrices que je louerais davantage, si je ne craignais de ne point paraître désintéressé, même dans les éloges les mieux mérités.

Une activité incessante et une féconde initiative, telles sont les deux qualités principales que, par sa situation géographique, tout Comité de Marseille réclamera toujours de ses adhérentes. Plus que tout autre, il exige qu'on ne lui marchande, ni son temps, ni sa peine. Placé à l'avant-garde de la France, en face de ces immenses régions de l'Afrique et de l'Extrême-Orient, que depuis plus de vingt-cinq ans nos voyageurs et nos soldats explorent et conquièrent au prix de leur sang, votre Comité a été dès la première heure, et sera toujours l'un des plus laborieusement occupés. Prenons en effet les dernières années écoulées ; ne constatons-nous pas que la paix, comme la guerre, fournit ample matière à vos préoccupations, à vos soins, à vos dépenses? Nos épidémies locales, quelquefois si meurtrières, n'ont-elles pas fait une triste concurrence aux fièvres du Dahomey, de l'Indo-Chine et de Madagascar? N'ont-elles pas exigé de votre part la même pitié agissante? N'ont-elles été pour vous comme autant de campagnes de nature différente, mais qu'il vous est permis d'inscrire aussi bien sur votre Livre d'Or?

D'ailleurs vous ne vous isolez d'aucune souffrance, d'aucune calamité collective, et récemment encore, laissez-moi le rappeler à votre louange, à défaut de l'inexorable diplomatie, n'avez-vous pas manifesté par une très opportune libéralité la sympathie de la France pour ce noble et malheureux peuple Hellène, à qui l'Europe doit tant, et pour qui elle fait si peu, notre ami séculaire dans la mauvaise comme dans la bonne fortune. Vous avez, ce jour-là, affirmé une fois de plus l'esprit de large et généreuse humanité de votre Institution.

L'humanité, c'est là d'ailleurs, proclamons-le bien haut, le trait distinctif et commun de toutes les sociétés similaires, de ces sociétés sœurs que je puis saluer, en votre nom même, puisque vous, Mesdames, vous voyez en elles non pas des rivales, encore moins des adversaires,

mais des émules dans l'accomplissement des mêmes devoirs, des mêmes dévouements. Vous auriez, toutes au même titre, le droit d'inscrire sur votre drapeau cette simple et éloquente devise : « *Pour l'Humanité !* »

À ce premier caractère, à ce premier rôle essentiel qui suffirait à l'honorer aux yeux de tous, votre Association en ajoute deux autres non moins méritoires : elle fait *œuvre de patriotisme et œuvre de paix sociale.*

2° *Rôle patriotique.* — « Heureux le peuple, a dit un grand orateur « chrétien, heureux le peuple chez qui la femme s'associe aux aspirations « nationales. L'avenir et la victoire sont à lui. Car ce qui est gravé dans « le cœur de la femme, est assuré de l'immortalité. » Le patriotisme, Mesdames, est une de ces aspirations nationales qui réclame de droit sa place dans le cœur de la femme. L'amour de la patrie ne saurait être l'exclusif apanage de l'homme, son devoir particulier. Des liens tout aussi forts attachent la femme au sol qui l'a vue naître, qui garde la tombe de ses parents et le berceau de ses enfants. Comme l'homme, la femme peut et doit chérir d'un amour passionné la terre où elle a aimé, où elle a été aimée, où même elle a souffert ; car la douleur, je vous l'assure, comme le bonheur, attache aux lieux longtemps connus. Dans notre France surtout, qui a eu l'insigne privilège d'incarner dans une femme, la plus pure et la plus sublime vision de la Patrie, le patriotisme est une vertu traditionnelle, héréditaire, que vous avez conservé inviolable à travers les siècles ; vous êtes, et vous resterez toujours les dignes sœurs de cette immortelle *Jeanne d'Arc.* Si le Christ, sur la croix, a divinisé, pour ainsi dire, *l'amour de l'humanité* ; Jeanne, sur son bûcher, a consacré et sanctifié à tout jamais *l'amour de la Patrie, de la Patrie française,* — et depuis le martyre de cette humble fille du peuple, l'empreinte en est demeurée ineffaçable et défie toute atteinte. Nul désormais n'a pu oublier, méconnaître ou trahir ses devoirs envers la France, sans être renié, flétri, maudit par le cri unanime de la conscience publique, qu'il fût prince du sang, comme le Connétable de Bourbon, ou simple plébéien comme le Maréchal Bazaine. — C'est encore une femme, la mère du jeune Bayard ; (il partait pour l'armée à 13 ans) qui disait en lui donnant le baiser d'adieu : « Allez, mon fils, allez, et souvenez-vous « toujours de bien servir Dieu, le Roi, et la Patrie. » Vous savez si le Chevalier *sans peur* et *sans reproche* resta fidèle aux dernières recommandations de sa mère. Trente-trois ans plus tard, blessé mortellement pendant qu'il sauvait une armée française, mais l'âme tranquille, Bayard jetait ces mêmes paroles comme une malédiction vengeresse à la face de son vainqueur, le traître Connétable de Bourbon qui plaignait sa mort prématurée : « Je meurs content, Monseigneur, c'est vous qu'il faut plain-« dre, vous qui portez les armes contre votre Roi et votre Patrie ! »

« Dieu, le Roi, la Patrie », c'étaient là en effet les trois articles de foi des femmes de l'ancienne France. Sauf un de ces trois termes que le cours de nos révolutions a peut-être emporté sans retour, les femmes de la France nouvelle ont gardé et garderont toujours au cœur cette même foi, ce même *Credo : « Dieu et Patrie* ». Oui, Mesdames, vous êtes les prêtresses de ce culte, lorsque inclinées au chevet de nos pauvres soldats, revenus des plages lointaines où ils ont laissé leur santé, peut-être la meilleure partie d'eux-mêmes, vous murmurez à leur oreille des paroles d'encouragement ou de consolation, et que vous vous efforcez de leur rendre la vie avec l'espérance, ou du moins de leur voiler les approches de la mort. Pensez-vous que les survivants, rentrés au foyer de leurs familles, oublient jamais ces témoignages de touchante sollicitude ? Pensez-vous qu'ils ne le rediront pas au loin, autour d'eux, à leurs frères, à leurs amis, et que vous ne resterez pas toujours dans leur souvenir comme la sainte et gracieuse personnification de la France, accueillant avec tendresse, à leur retour, ceux de ses fils qui ont souffert pour Elle.

Avoir laissé de telles impressions dans les âmes parfois les plus vulgaires, les moins affinées, n'est-ce pas, je le répète, avoir fait œuvre de patriotisme, et du patriotisme le plus noble, le plus désintéressé ? Car vous, on ne vous accusera pas de réclame électorale ; vous ne cherchez, et vous ne trouverez de légitime salaire que dans la joie de votre seule conscience. Devant une pareille attitude, devant un pareil rôle, il n'est personne, non, pas même parmi les *soi-disant sans-patrie,* qui ne s'incline avec respect et gratitude !

3° *Rôle social.* — Enfin, Mesdames, voici votre troisième titre à l'estime et à la reconnaissance de tous vos concitoyens, sans puérile acception de parti. Que vous y songiez ou non, votre Association contribue sans bruit, sans ostentation, mais dans la mesure de ses forces, à préparer par son action même cette paix sociale, cette réconciliation qui doit être désormais notre pensée maîtresse, notre patriotique angoisse à tous, et qu'il faudra bien réaliser un jour, sous peine de voir la France s'abîmer dans les convulsions de luttes fratricides. A l'heure où tant de sectaires aveugles ou fanatiques, tant d'ambitieux éhontés cherchent, dans un intérêt égoïste, à exploiter, comme un trésor de haines, les souffrances trop réelles des misérables, les fatales inégalités de condition ; à l'heure où ils ameutent perfidement les déshérités du sort, les vaincus de la vie contre les prétendus favoris de la fortune ; où, en un mot, ils travaillent, sans souci des ruines irréparables, à déchaîner l'horrible guerre des classes, il est beau, il est consolant de voir des Associations telles que la vôtre (et, Dieu merci, je pourrais en citer d'un autre ordre !) planer sereines et confiantes au-dessus de la furieuse mêlée des passions et rapprocher, *en dehors de toute distinction politique, sociale ou religieuse,* dans un même sentiment de vraie pitié et d'active sympathie tous les dévouements, les plus humbles comme les plus élevés, la femme de l'artisan comme la grande dame.

Vos deux cents Comités, dont votre Président s'enorgueillissait tout à l'heure avec raison, répandus sur toute la surface de la France, sont autant de bienfaisants foyers d'où rayonne, au grand profit de la communauté nationale, l'esprit d'union et de concorde. Viennent donc, si le veut ainsi l'implacable destin, viennent des jours d'agression étrangère ou de crise intérieure, et nul doute qu'on ne voie alors se grouper autour de vous bien des forces éparses ou latentes qui ne demandent qu'à éclore au souffle vivifiant de la grande pitié humaine. La foule n'est pas toujours *cette vile multitude* trop souvent portée, comme par instinct de bête fauve, aux pires violences, aux plus odieuses iniquités ; elle a aussi, sous l'influence de l'exemple, ses heures de transfiguration, où d'un bond, d'un coup d'aile, elle grandit, elle s'élève jusqu'aux sommets de l'héroïsme. Dans ces heures bénies entre toutes, riches et pauvres, faibles et puissants, se rapprochent, se confondent et se reconnaissent spontanément comme les enfants d'une même patrie, d'une seule et même famille, capables alors de tous les sacrifices, des plus généreuses immolations.

Eh bien, Mesdames, je ne crains pas de le dire, dans votre rôle si discret, dans votre action si réservée d'apparence, dès aujourd'hui vous rendez possibles, vraisemblables, ces lendemains réparateurs. Aux tristesses de l'heure présente, aux humiliations qui nous énervent et nous dépriment, aux haines qui nous divisent et nous affaiblissent, votre Association oppose un salutaire contraste. Elle, du moins, ne sépare pas.

Elle unit toutes celles et ceux qui ont le triple culte *de l'humanité, de la patrie et de la paix sociale.* Elle prouve, par le fait, que dans l'ordre humain, aussi bien que dans le reste de la nature, l'amour seul, et non la haine, est fécond et enfante la vie. Aux défaillances toujours trop nombreuses, elle répond par un réconfortant : « *Sursum corda!* » Haut les cœurs ! — Et c'est là ce qui doit glorifier votre œuvre devant Dieu et devant les hommes et mérite de lui gagner chaque jour de nouvelles et chaleureuses adhésions.

Quant à moi, Mesdames, et je vous prie de ne pas voir dans mes dernières paroles une banale galanterie qui pour moi ne saurait plus être de saison, je remercie votre Présidente, et je vous remercie toutes en même temps de m'avoir fourni l'occasion de vous apporter publiquement mon témoignage de sincère admiration et de profonde sympathie.

AMIENS. — IMPRIMERIE PITEUX FRÈRES.

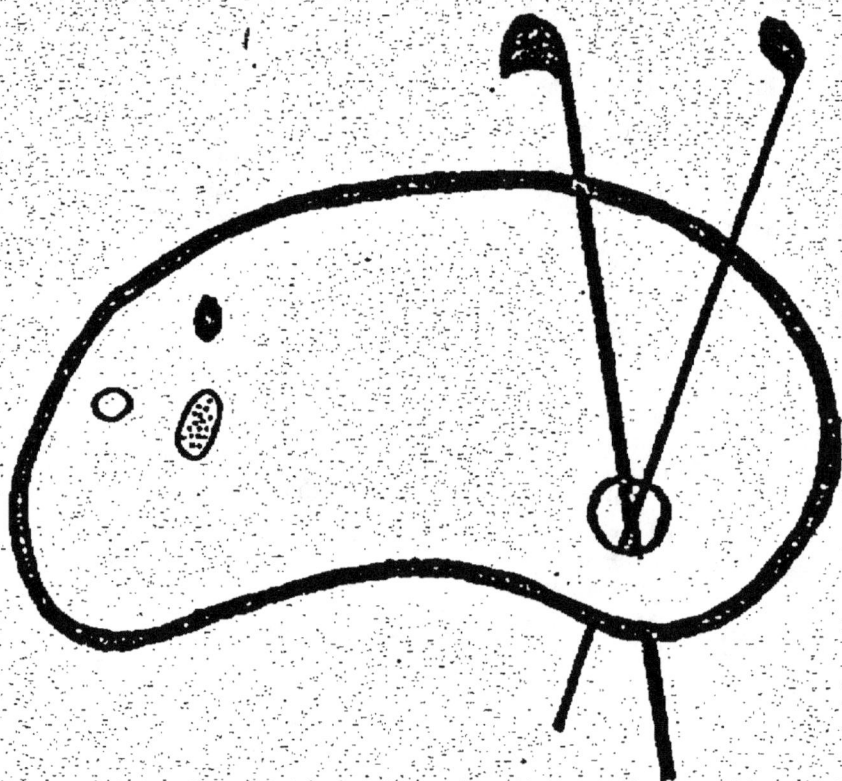

www.ingramcontent.com/pod-product-compliance
Lightning Source LLC
Chambersburg PA
CBHW060733280326
41933CB00013B/2618